Para

com votos de paz.

/ /

CB007679

DIVALDO FRANCO

PELO ESPÍRITO JOANNA DE ÂNGELIS

VIGILÂNCIA

Salvador
3. ed. – 2024

© (1986) Centro Espírita Caminho da Redenção

Site: https://mansaodocaminho.com.br

Edição: 3. ed. (2ª reimpressão) – 2024

Tiragem: 3.000 exemplares (milheiros: 28.500)

Coordenação editorial: Lívia Maria Costa Sousa

Revisão: Manoelita Rocha

Capa: Cláudio Urpia

Editoração eletrônica: Ailton Bosco

Coedição e publicação: Instituto Beneficente Boa Nova

PRODUÇÃO GRÁFICA
LIVRARIA ESPÍRITA ALVORADA EDITORA – LEAL
E-mail: editora.leal@cecr.com.br
DISTRIBUIÇÃO: INSTITUTO BENEFICENTE BOA NOVA
Av. Porto Ferreira, 1031, Parque Iracema. CEP 15809-020
Catanduva-SP.
Contatos: (17) 3531-4444 | (17) 99777-7413 (WhatsApp)
E-mail: boanova@boanova.net
Vendas on-line: https://www.livrarialeal.com.br

Dados Internacionais de Catalogação na Publicação (CIP)
(Catalogação na fonte)
BIBLIOTECA JOANNA DE ÂNGELIS

FRANCO, Divaldo Pereira. (1927)

Vigilância. 3. ed. / Pelo Espírito Joanna de Ângelis
[psicografado por] Divaldo Pereira Franco, Salvador: LEAL, 2024.
152 p.
ISBN: 978-85-8266-192-5

1. Espiritismo 2. Vigilância 3. Reflexões morais
I. Divaldo Franco II. Título

CDD: 133.93

Bibliotecária responsável: Maria Suely de Castro Martins – CRB-5/509

Sumário

Vigilância

A vida moderna com as suas complexidades responde pela onda crescente da violência em todas as suas expressões, pelos problemas do comportamento, pelos fenômenos psicológicos deprimentes...

A indiferença sistemática mantida pelas criaturas, em relação umas às outras, é fator de relevo no processo de desgaste das conquistas éticas, que ora são relegadas a plano secundário.

A evasão à responsabilidade dos atos e a transferência dos deveres constituem, igualmente, razão preponderante para a anarquia, que ameaçu de desmoronamento o edifício das realizações de enobrecimento das gerações passadas.

Ao lado de tais ocorrências aumentam, a cada dia, as opções para o lazer, para a satisfação pessoal, para a frivolidade.

Como consequência, ao lado da legião dos trabalhadores que se exaurem, os ociosos se multiplicam de forma surpreendente, intoxicados pelos vapores do álcool, das drogas, do sexo, dos vícios dissolventes.

Fala-se em grandeza da cultura e da tecnologia, no entanto, não se pode negar o crescimento da vileza moral e da corrupção que grassam, assustadoras, em toda a parte.

Legiões de marginalizados diariamente desfalecem no poço da loucura ou fogem pelo corredor falso do suicídio, constituindo pesado ônus para a economia social contemporânea, agravando-se em relação ao futuro.

Indispensável que os homens idealistas não cessem de produzir para o bem, nem aqueloutros, os de fé, se permitam o desfalecimento.

Todos nos devemos unir em um programa de ação positiva e otimista, a fim de modificar a triste paisagem vigente, propiciando o sur-

gimento de mais felizes condições para que a vida se expresse.

Toda contribuição de amor e de esclarecimento se torna de alto valor, favorecendo o trabalho do Cristo em referência ao homem sofrido e desnorteado deste momento.

Vigilância, eis o primeiro passo, a fim de evitar-se futuros problemas na área do sentimento e da razão.

Vigilância que seja dinamismo e discernimento do que se deve e pode ser feito em referência aos compromissos elevados da Vida.

Reunimos, neste pequeno livro, alguns temas oportunos, que transformamos em convites à vigilância, propiciando ao caro leitor uma visão consoladora, idealista, que talvez não lhe haja ocorrido, como contribuição à obra de regeneração que já se apresenta na

Terra, evitando a grande e ameaçadora derrocada que paira no ar.

São apontamentos simples e, por isso mesmo, desconsiderados, no entanto, preciosos para quem os aplique com sinceridade, no dia a dia, experimentando paz e bem-estar, que deles decorrem, em face da conduta que impõem.

Vigilância e oração, propôs Jesus, a fim de não se tombar nas malhas da tentação, do vício, do crime.

Confiando que estas páginas poderão ser úteis a quem as considere e se deixe penetrar pelo seu conteúdo, rogamos ao Senhor da Vida que nos abençoe e ajude no crescimento espiritual que empreendemos com vistas à plenitude que nos está reservada.

Salvador, 13 de outubro de 1986.
Joanna de Ângelis

1
Em nome de Deus

Em nome de Deus, os homens têm semeado a discórdia, o ódio, o crime, dizimando-se reciprocamente, sob alegação de ser cada qual o portador da verdade.

As guerras de religião ensanguentaram a Humanidade vezes sem conto, e ainda hoje dizimam tantas vítimas quanto as pestes descontroladas.

Dominado pelo egoísmo em que se encarcera, cada indivíduo se permite os direitos que nega aos seus irmãos.

Em face desse comportamento, o seu é o deus da verdade, e a sua é a única religião, ou filosofia, ou moral credora de respeito, porque respaldada pela sua *razão que jamais se equivoca*.

Deixando-se vencer pela inferioridade que deveria ser superada, em razão do que diz eleger de melhor, impõe a crença que esposa ou tenta fazê-lo, não trepidando em malsinar, perseguir, destruir tudo quanto encontra pela frente: valores, construções e vidas...

...E crê-se inspirado por Deus ao realizar os nefandos tentames.

Quanto mais fiel e afervorado à sua crença, mais tenaz e cruel tem sido o indivíduo.

Massacres inconcebíveis foram realizados em nome de Deus, no passado remoto e no próximo, estimulando a ferocidade e a alucinação.

A ardência da fé neles consome a piedade e a clemência, enquanto o combustível do fanatismo dá-lhes estímulo para a violência.

Gêngis Khan invadia as mesquitas montado no seu cavalo, transformando os livros ditos sagrados em cama para os animais. Ao mesmo tempo, para os humilhar, impunha que os presunçosos sacerdotes passassem a tratadores das animálias.

Tamerlão comprazia-se matando qualquer cristão que encontrasse, enquanto Balduíno decepava a cabeça de todo sarraceno que lhe caísse prisioneiro...

As Cruzadas deixaram um saldo macabro de mais de dois milhões de vidas...

O general Anhalt e os seus soldados cristãos treinavam pontaria com as baionetas, atirando para cima as crianças turcas que apanhavam no ar com as lâminas afiadas.

...Os hereges do Oriente foram liminarmente trucidados, e os indígenas das Américas, quando incapazes de compreender os ardis das religiões que lhes impunham, tinham as existências ceifadas de forma inclemente.

Todavia, guardadas as proporções, pouco tem mudado na paisagem religiosa e sofrida dos homens.

Ortodoxos gregos, maronitas, anglicanos, católicos e outros disputam-se primazia, apropriando-se da fé com desprezo por aqueles que consideram adversários detestáveis.

De Lutero e Calvino a John Wesley, os reformuladores da Reforma ampliaram as áreas das dissidências evangélicas, cada qual se atribuindo um maior quinhão da verdade que afirmava pertencer-lhe.

Árabes anatematizam judeus e vice-versa, e, mesmo na área da revelação maometana, as várias correntes em que se apresentam os interpretadores do Alcorão primam pela ojeriza que devotam aos opositores, em lamentável desconsideração por aquilo que pretendem espelhar a verdade.

É da natureza humana, ainda primitiva, a belicosidade, o separatismo, a presunção hegemonista...

Em nome de Deus, porém, sê tu dócil, compreensivo e afável.

Silencia as ofensas e age com fraternidade.

Compreende o opositor e trabalha em seu benefício.

Fomenta o bem e vive pelo bem.

Guarda-te na mansuetude e espalha a paz.

Onde estejas, reúne, unifica, harmoniza.

Se não te compreendem, tolera, por tua vez.

Se te perseguem, desculpa e prossegue.

"Deus é amor", conforme acentuou o apóstolo, e somente pelo amor será compreendido e aceito.

2
César e Deus

O mundo tem os seus caprichos e exigências que lhe constituem a pauta comportamental.

Escraviza ou liberta, proporcionando ruína ou glória.

Para viver-se no mundo é indispensável atender-lhe os impositivos.

Não obstante, o homem é mais do que a sua situação transitória no invólucro carnal.

Usando a matéria e despindo-a, o Espírito dela se utiliza na Terra, como processo educativo mediante o qual se aprimora e cresce.

Cristo é um apelo permanente, ínsito na consciência humana.

A Vida espiritual, em razão de preexistir e sobreviver ao corpo, ressuma na memória de todas as criaturas, impondo as suas regras e as suas determinações.

Por mais que o indivíduo deseje eximir-se da realidade espiritual, ela se encontra, inevitável, na base da sua existência.

Negada sistematicamente e combatida com tenacidade, somente quando alucinada pela revolta ou açodada pelo desespero asselvajado é que a criatura permanece na condição cepticista diante da morte.

Herdeiro das próprias realizações, o Espírito sabe do destino que o aguarda, devendo ter em conta a fatalidade biológica na sua transitoriedade transformadora.

Neste díptico, o mundo e Cristo, as criaturas muitas vezes se perturbam.

Anelam pela Vida espiritual, no entanto investem todos os recursos na luta do prazer cotidiano.

Buscam a Espiritualidade, todavia propõem-se viver as experiências anestesiantes do mundo.

Necessária uma definição, que é preparar o futuro através do presente.

Não é o mundo, porém, responsável pela defecção dos indivíduos, porquanto é a conduta pessoal que se mantém, onde quer que cada um se encontre, que responde pelo ser em si mesmo.

Atendendo os regulamentos terrestres, que objetivam disciplinar e propelir o progresso, não é necessário abandoná-lo, no sentido de odiá-lo ou tornar-se-lhe adversário.

Basta que não se deixe escravizar, nem se submeter às exigências temporárias que são criadas pelo desgoverno das paixões.

❖

O homem atavia-se de quinquilharias e fatuidades, embaraçando-se, depois, de tal forma, que torna o supérfluo indispensável, afadigando-se até a exaustão para manter a aparência que é perfeitamente dispensável.

A escada que conduz à perfeição tem, no entanto, as suas bases fincadas no mundo, cujos degraus devem ser conquistados, passo a passo, com segurança.

Viver, pois, no mundo, com probidade, parcimônia e liberdade, deve ser a conduta natural, a fim de que se possa deixá-lo, quando chamado ao retorno, sem angústia, nem saudade, nem desesperação.

Compreensível que, ante o questionamento farisaico a respeito do pagamento do tributo, Jesus respondesse com lucidez: *"— Dar a César o que é de César, e a Deus o que é de Deus."*

A cada exigência, o respeito que merece e o atendimento correspondente.

Produze no mundo a tua realização eterna através do amor, educando-te e servindo.

Obedece aos labores humanos, sem desviar-te da meta a alcançar, transcendente e inadiável.

Atendendo aos teus deveres humanos, estarás dando cumprimento aos compromissos divinos.

Nunca te arrependerás por viver no mundo, sem pertencer-lhe em toda a extensão da tua existência.

Em cada circunstância e ocasião, age conforme a consciência do amor e jamais te equivocarás, ante César ou diante de Deus.

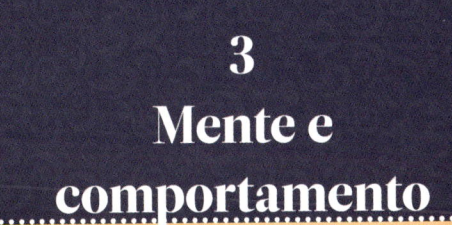

3
Mente e comportamento

Na faixa vibratória na qual localizes a mente, daí haurirás a correspondente energia.

Quem desce ao charco respira umidade, da mesma forma que em se elevando à montanha, aspirará oxigênio puro.

Situando o pensamento nas fixações amargas quão deprimentes de acontecimentos infelizes, vitalizá-los-ás, trazendo-os à realidade dos dias presentes, para o teu próprio infortúnio.

Agasalhando as ideias de sublimação pessoal, por mais se te pareçam difíceis de conseguidas, acostumar-te-ás com a possibilidade, e, de um para outro momento, estarás vivenciando esse estado superior.

Cada criatura vive, no mundo objetivo, conforme os seus estados íntimos, mentais.

Educar o pensamento, criando os hábitos da prece e da elevação moral, constitui uma tarefa-desafio que deve ser enfrentada de imediato.

A mente plasma, no campo da ideação, os desejos, que depois se transformam em realidades que passam a participar da vida, na área das formas.

Ideoplastias variadas assaltam o homem no seu trânsito evolutivo, conforme o lugar e a aspiração psíquica mais apetecível.

Fantasmas de enfermidades inexistentes, necessidades criadas por desequilíbrios, tormentos de largo tempo, frustrações de curso afligente decorrem da preferência mental de quem lhes experimenta a compressão.

Ninguém consegue viver sem os hábitos, que se lhes tornam "uma segunda natureza", influenciando grandemente a sua própria natureza.

Como pessoa alguma, na normalidade mental, não vive sem pensar, é claro que não cultivando as boas, elaborará as más aspirações.

A mente responde pela vida.

O Espírito exterioriza, mentalmente, os estados em que transita, cabendo-lhe esforçar-se por modificar os quadros íntimos, crescendo em contínuo esforço na direção das metas libertadoras.

Considerando que tudo quanto empreendes resulta negativo, altera o clima mental e age com tranquilidade, aguardando os resultados.

Tendo em vista as ocorrências afligentes que te surpreendem, abre-te psiquicamente ao amor e descortinarás paisagens menos tristes.

Experimentando doenças ou dissabores frequentes, reage, no campo das ideias, cultivando a saúde, e se te renovarão os quadros orgânicos e emocionais.

Insiste nos pensamentos positivos, como quem reconhece a existência dos espinhos na haste da roseira, porém prefere deter-se extasiado ante a flor, embora cuidando-se daqueles.

Queixa, azedume, amargura, revolta, deves substituir por confiança, otimismo, renovação, paciência, do que resultará a tua paz.

Como não podes viver sem a presença das ideias, coloca aquelas que te promovam à saúde e ao bem-estar.

Respirarás, emocionalmente, conforme o clima em que situes os teus programas de evolução.

"Busca primeiro o Reino de Deus — propôs Jesus, com sabedoria —, *e tudo mais te será acrescentado."*

4
Queixa e reencarnação

O hábito da queixa ou reclamação constitui um dos mais graves condicionamentos que a criatura se permite incorporar à conduta cotidiana.

Diante das concessões fecundas que lhe chegam através das manifestações da Vida, o homem somente motivos possui para louvar e agradecer, jamais para queixar-se.

Se acaso lhe falta a saúde, mediante o conhecimento da reencarnação sabe que expunge delitos cometidos em existência anterior, contra o equilíbrio orgânico ou psíquico, de cuja falta ora se ressente.

Se experimenta a dificuldade financeira, ou vive em miséria socioeconômica, pelo mesmo motivo descobre que a escassez atual é decorrência do desperdício a que antes se entregou, levianamente.

Se recolhe calhaus e espinhos pela senda por onde peregrina, constata que a semeadura é sempre a responsável pela colheita.

Se carpe amargura e abandono, detecta que tem aquilo que negou a outros corações, quando lhe buscaram socorro e companhia.

Se vive sob os camartelos da aflição íntima, sem bálsamo que lhe minimize a agonia dilaceradora, percebe que repara exigências descabidas que lesaram vidas e as exauriram sob injunções perversas.

Para cada situação amarga, defronta análoga dívida pretérita responsável pela situação hoje existente.

Sem embargo, são incontáveis, mesmo nas conjunturas mais desditosas, os dons e os valores de que desfruta e, não obstante, se esquece de considerar.

❖

A reencarnação é a resposta para todas as ocorrências da vida humana.

Crescendo através de etapas, o Espírito é o responsável por todas as manifestações de felicidade ou de desdita que o surpreendem no processo da evolução.

Assinalado para a glória e a liberdade total, adquire experiências iluminativas, ora pelo sofrimento, vezes outras pela realização operante do bem.

A sua opção gera as consequências jamais diferentes das ações encetadas.

Queixar-se, portanto, é atitude anestesiante, negativa, mecanismo de evasão da responsabilidade.

A queixa corrompe o homem e o conduz ao pessimismo, engendrando situações deprimentes quão desagradáveis.

Em vez da reclamação insensata, cabe ao homem corrigir o erro, quando disponha de ocasião, e, em caso contrário, avançar, produzindo o melhor, graças ao que modificará os fatores e circunstâncias perniciosas.

A função básica do conhecimento é a libertação da ignorância, com a consequente responsabilidade moral.

Quem sabe, melhor avança, mais seguro se movimenta.

O conhecimento espírita, por sua vez, possui a superior característica de mudar para melhor a estrutura moral e emocional da criatura, a fim de que esta logre vencer os testes da evolução, a que todos são submetidos, no processo natural de crescimento interior e aquisição de paz.

Queixar-se, portanto, nunca; por ser uma atitude sempre injustificável.

5
Verdadeira posse

O trânsito dos bens pelas mãos humanas é atestado da fugacidade da posse.

A propriedade é sempre referencial, nunca de estrutura real.

Bens de verdade são aqueles que se incorporam à vida, na qualidade de valores que permanecem no comportamento da criatura.

Os de origem terrena, em face de sua constituição, transferem-se de possuidor, desgastam-se, desaparecem...

Têm a finalidade de proporcionar o equilíbrio emocional, fomentar o progresso, estimular a solidariedade.

De acordo com o caráter daquele que os detém temporariamente, facultam a paz ou geram a guerra, propõem a alegria ou propelem à miséria...

Vítima do egoísmo, que nele se demora como remanescência do atavismo animal, o homem invigilante que possui, esquece-se da finalidade precípua da riqueza, que é a de trabalhar pelo bem geral, derrapando na avareza, quando a estroinice não o leva às aberrações morais, a prejuízo de si mesmo e da comunidade onde se movimenta.

Sendo efêmera a própria organização fisiológica, tudo quanto se lhe vincula padece de semelhante injunção.

O dinheiro, a propriedade, os haveres, em consequência, constituem prova muito grave para os seus detentores, que deverão prestar contas da sua aplicação.

Assim, não são os tesouros os valores que devem ser analisados do ponto de vista ético, mas sim aqueles que se lhes são depositários.

O dinheiro que corrompe, quando bem aplicado, é o mesmo que educa e salva vidas.

O poder que decide pela guerra é o possuidor dos meios de gerar a paz.

Assim considerando, não menor do que a pobreza, tida, não raro, como infortúnio, a riqueza é, também, desafio grave para quem lhe experimenta a circunstância.

A verdadeira posse liberta o possuidor do objeto possuído, a fim de que este não se encarcere na limitação possuidora que o detém na aparente propriedade.

Todos os bens procedem de Deus e a Deus pertencem, constituindo meio de crescimento para o Espírito, nas várias experiências evolutivas, de aplicá-los, quando deles dispõe, ou de sentir-lhes a falta, em situação oposta.

Multiplica, desse modo, todos os valores que te cheguem, sejam eles perecíveis e transitórios, do agrado terreno, ou de sabor eterno, que são as tuas aquisições morais, transitando pelo corpo na condição de aprendiz da vida que venceu o mundo.

6
As emoções

Doa-te a Jesus, e n'Ele tranquiliza-te, servindo ao bem.

Avançando pela trilha do progresso, não te detenhas ante os desafios perigosos que te surpreendam.

Resguarda-te das emoções violentas, acalmando as tuas ansiedades no oceano do amor espiritual.

Se te sentes em solidão, busca alguém nas mesmas condições e dá-lhe a alegria que te falta.

Se experimentas carência afetiva, irriga de esperanças a outrem que a ti se pareça, sem vincular-te no comércio dos interesses doentios.

Se recebes ternura, reparte-a com os desafortunados à tua volta, em maior necessidade.

Se desfrutas de carinho, não imponhas exigências maiores, que podem redundar em decepções.

Se possuis haveres, multiplica-os mediante a aplicação do verbo doar.

Se padeces falta, trabalha sem fastio e o teu quinhão chegará.

Sempre podes compensar faltas, favorecer com recursos, ampliar experiências, facultar preciosas oferendas.

Do Senhor provém tudo, e através d'Ele chegam todos os dons.

Confia, em paz, e persevera com valor.

Enxuga o suor e as lágrimas que te aflorem na face e nos olhos, sem desespero.

Silencia dissabores e amarguras, que sabes ser transitórios.

Acalma aspirações descabidas, embora, humano como és, estejas ansioso pelos prazeres que apenas consomem.

Alça-te aos planos do amor elevado, envolvendo os sofredores do mundo nas tuas conquistas morais, e sentirás a compensação da paz mediante as emoções de felicidade, como jamais supuseste existir.

As outras, as que resultam das sensações, e em sua brevidade deixam sinais de agonia e insatisfação, logo cessam. Como consequência, enfermam e matam o corpo, asfixiando a alma.

As emoções que provêm de Jesus, quando o corpo tem cumprida a tarefa para a qual se destina, libertam a vida; essa, então, estua em plenitude de ventura inimaginável.

7
O bem em ação

Seja como for, o tempo urge e passa... A ansiedade, ontem agasalhada, converteu-se em acontecimento agora passado.

As expectativas e receios mantidos no passado, hoje se tornaram fatos que se demoram na memória entre júbilos ou dores, conforme as suas gêneses.

A infância risonha cede lugar à adolescência exuberante, que a idade da razão brindará à velhice e à morte do corpo, caso o seu inesperado lance não ocorra antes...

Desse modo, constitui atitude de sabedoria, em qualquer época e circunstância, atuar no bem.

A ação maléfica deixa amargura no caminho e assinala quem a executou, despertando-o, próxima ou futuramente, para a coleta de dissabores.

O excesso, de qualquer natureza, no presente, resulta, embora a ilusão do momento, em distúrbio futuro.

Somente o amor ao dever, ao bem, dá segurança para que o tempo transcorra sem passar, tornando-se um formoso presente, feito de *ontens* e de *amanhãs* repletos de luz.

O que faças no bem, faze-o com amor.

O amor que ofertes, doa-o ao bem.

Todo bem com amor acende claridade inapagável, que felicita.

A vida ficaria destituída de sentido e de significado não fosse o amor ao bem.

Quem alcança o acume da montanha, bendiz o terreno conquistado e repousa no altiplano rico de beleza, sem dúvida, após o esforço envidado.

A montanha do bem é conseguida através dos passos seguros da ação do amor.

Não permitas que as horas passem diante de ti, sem que as enriqueças de amor e de bênçãos.

Se não podes ser uma estrela, faze-te pirilampo.

Se não consegues mudar o mundo, transforma-te a ti mesmo.

Se não logras a libertação de todos, libera-te dos vícios que te escravizam.

Se não podes ser o pão que repleta as mesas, constitui-te grão de trigo e confia no futuro.

Sê ponte entre vidas, pessoas e acontecimentos nobres.

Nunca te faças pedra de impedimento. E se, por acaso, fores como esse mineral, deixa-te acomodar no alicerce do bem em favor do templo para a felicidade geral.

O tempo, em verdade, não passa...

As criaturas, sim, passam pelas horas, sendo o resultado do uso que façam dos sessenta minutos de cada uma delas.

8
Renovação
pelo amor

Na condição de aprendiz da vida, não descures o compromisso de renovação a que te vinculas.

Faze uma análise honesta a respeito das tuas aquisições interiores e penetra-te com calma e lucidez.

Anota as dificuldades que te assinalam hoje e confronta-as com as do passado, de modo a poderes realizar uma honesta avaliação do teu comportamento.

Registra os teus estados de alma e luta contra os impulsos que te propelem à permanência na retaguarda espiritual.

Velhas tendências, atavismos de violência, rescaldos de agressividade e resíduos de tormentos devem ceder lugar à renovação a que te candidatas.

❖

Deixa o júbilo aninhar-se na alma, irradiando-se qual luz retida em ânfora transparente.

Insinuando-se a ti a suspeita e a insegurança a que te habituaste, ameaçando-te as conquistas da felicidade, expulsa-as da tua casa mental e concede à tua emoção o clima de festa que te prenuncia felicidade demorada.

É certo que nem tudo são ou serão sempre alegrias. Por isso mesmo deves acostumar-te a uma psicosfera de paz, numa emoção descontraída, mediante a qual adquirirás resistências para os instantes mais severos, que saberás superar ou os farás passar com rapidez, sem deixar-te mossa no sentimento nem mágoa no coração.

Frui, das bênçãos que te chegam, a melhor parte, e amplia-as, repartindo com os carentes de migalhas as tuas fortunas, avaramente guardadas nos cofres dos conflitos injustificáveis e dos dramas íntimos aos quais te habituaste.

Deus vive em ti e espera por tuas decisões.

Rompe a aparente impermeabilidade e renova-te no amor, vivendo para o amor e irrigando as vidas com a energia que o teu amor pode oferecer.

Somente quem doa e se doa, renovando-se sempre para melhor, consegue a plenitude do Amor, que é Deus no teu mundo íntimo.

9
Tentações afetivas

Esta sede insaciável de prazer renovado leva-te ao desequilíbrio.

Essa busca irrefreável de afeto que te plenifique, conduz-te ao abismo da loucura.

Tal ansiedade por encontrar quem te compreenda e apoie, oferecendo-te segurança integral, empurra-te para o precipício dos vícios dissolventes.

A pressa em encontrar quem esteja disposto a doar-te ternura, afasta os corações que pretendem ajudar-te, porque em faixa afetiva diferente, eles se te afeiçoam em espírito, enquanto vibras outra forma de necessidade.

A insatisfação, em face do muito que desfrutas, gera em ti distúrbio lamentável de comportamento, que ameaça a tua vida.

Aquilo que falta a qualquer pessoa é resultado do seu mau uso em oportunidade transata.

Carência de hoje foi desperdício de ontem.

Ninguém há, que se encontre na Terra, completo e realizado.

Na área da afetividade, a cada momento defrontamos amores eternos que depois se convertem em pesadelos de ódio e crime.

Muitas promessas "para toda a vida", às vezes, duram uma emoção desgastante e frustradora.

Sorrisos e abraços, júbilos infindos de um momento, tornam-se, sem motivo aparente, carantonhas de rancor, agressões violentas e amarguras sem-nome.

Tudo, **no mundo corporal**, é transitório, forma de aprendizagem para vivências duradouras, posteriormente.

Assim, evita sonhar, acalentando esperanças absurdas nas quais pretendes submeter os outros aos teus caprichos pessoais, que também passarão com rapidez.

O que agora te parece importante, mais tarde estará em condição secundária.

Ontem aspiraste determinada conquista que, lograda, hoje não te diz mais nada.

Se desejas o amor de plenitude, canaliza as tuas forças para a caridade, transformando as tuas ansiedades em bem-estar noutros, muitos mais necessitados do que tu.

Não desvies a tônica da tua afetividade, colocando sentimentos imediatistas que te deixarão ressaibos de desgostos e travos de fel.

A outra, a pessoa que, por enquanto, consideras perfeita e capaz de completar-te, é tão necessitada quanto o és tu.

Na ilusão, adornas-lhe o caráter, para descobrir, mais tarde, o ledo engano.

Conserva puro o teu afeto em relação ao próximo e não te facultes sonhos e fantasias.

Aquilo que mereces e de que necessitas chegará no seu momento próprio.

Reencarnaste para aprender e preparar o futuro, não para fruir e viver em felicidade que ainda não podes desfrutar.

Cuidado, portanto, com as aspirações-tentações que se podem converter em sombras na mente e em sofrimentos incontáveis para o coração.

Afirmou Jesus *"que os Seus discípulos seriam conhecidos por muito se amarem"*, sem que convertessem esse sentimento-luz em grilhão-treva de paixão.

10
Vida transitória

Tendo em vista a transitoriedade do corpo e a inevitabilidade da morte, vive de maneira que possas partir, da Terra, livre e feliz.

O fenômeno biológico pode interromper-se subitamente, não te permitindo tempo para qualquer preparação.

Conduze-te de forma que, seja qual for o momento em que sejas convidado ao retorno, possas seguir sem amarras ou aflições desconcertantes.

Organiza bem os teus labores e compromissos, a fim de que outros possam levá-los adiante com tranquilidade.

Regulariza as tuas atividades, liberando-te de temores ou remorsos futuros desnecessários.

Enriquece-te com os tesouros do amor enquanto podes, a fim de que disponhas de recursos para a viagem inevitável.

Há pessoas que vivem, no corpo, totalmente esquecidas da sua fragilidade, como da sua breve duração.

Programam compromissos a distância, no tempo, distraídas da morte compulsória.

Parecem crer que o passeio orgânico é conquista que não se interromperá, demorando-se no cultivo das fantasias e ilusões que um dia as abandonarão em doloroso estado de desencanto.

Outras existem, assinaladas por sofrimentos que lhe parecem jamais cessar, deixando-se dominar pela revolta e pela amargura, esquecidas de que, em breve, estarão liberadas.

Nada, na Terra, é definitivo, mesmo no campo físico das aglutinações moleculares, já que todos os fenômenos aí se dão mediante sucessivas transformações.

No que diz respeito aos valores morais e espirituais, a experiência corporal tem, por finalidade precípua, desenvolvê-los e ampliá-los para a glória de cada ser.

Age com serenidade, buscando sempre solucionar os problemas e desafios com saldo positivo de paz.

Evita as atitudes ostensivas e os comportamentos prepotentes, que ferem sem ajudar, deixando mágoas e aborrecimentos.

Usa o tempo com propriedade, bem dividindo as horas, sem que te esqueças dos deveres de relevo na Órbita espiritual.

Se queres, sempre podes produzir no bem.

Não te poupes, portanto, na ação da solidariedade, do esclarecimento, do amor.

Vida sem bondade é como parasita explorador e pernicioso.

Usa os dons íntimos, que te jazem latentes, e amplia-os em favor do progresso de todos.

Tua vida é exemplo para outras vidas.

Torna-a uma claridade no caminho daqueles que te seguem.

Ninguém passa incólume, insensível à presença de outrem.

Deixa, em quem se acerque de ti, sinais de paz e de ternura, de amizade e de gratidão.

O tempo transcorrerá, inevitavelmente, de qualquer maneira.

Usa-o na construção da tua e da felicidade alheia.

Se dispuseres de oportunidade para aguardar a morte, faze-te exemplo de ânimo para aqueles que a temem ou a detestam, também encorajando os fracos e tímidos.

Se, entretanto, ela te chegar de improviso, recebe-a, tranquilamente, e segue, porque após a tua partida, com os teus exemplos bons, deixarás pegadas luminosas, como significando que por ali passou um coração afável que soube viver para a verdade e o amor.

11
Reforma íntima

reforma íntima! Quanto puderes, posterga a prática do mal até o momento que possas vencer essa força doentia que te empurra para o abismo.

Provocado pela perversidade, que campeia à solta, age em silêncio, mediante a oração que te resguarda na tranquilidade.

Espicaçado pelos desejos inferiores, que grassam, estimulados pela onda crescente do erotismo e da vulgaridade, gasta as tuas energias excedentes na atividade fraternal.

Empurrado para o campeonato da competição, na área da violência, detém o passo e reflexiona, assumindo a postura da resistência passiva.

Desconsiderado nos anseios nobres do teu sentimento, cultiva a paciência e aguarda a bênção do tempo que tudo vence.

Acoimado pela injustiça ou sitiado pela calúnia, prossegue no compromisso abraçado, sem desânimo, confiando no valor do bem.

Aturdido pela compulsão do desforço cruel, considera o teu agressor como infeliz amigo que se compraz na perturbação.

Desestimulado no lar, e sensibilizado por outros afetos, renova a paisagem familiar e tenta salvar a construção moral doméstica abalada.

É muito fácil desistir do esforço nobre, comprazer-se por um momento, tornar-se igual aos demais, nas suas manifestações inferiores. Todavia, os estímulos e gozos de hoje, no campo das paixões desgovernadas, caracterizam-se pelo sabor dos temperos que se convertem em ácido e fel, a requeimarem por dentro, passados os primeiros momentos.

Ninguém foge aos desafios da vida, que são técnicas de avaliação moral para os candidatos à felicidade.

O homem revela sabedoria e prudência, no momento do exame, quando está convidado à demonstração das conquistas realizadas.

Parentes difíceis, amigos ingratos, companheiros inescrupulosos, coidealistas insensíveis, conhecidos descuidados, não são acontecimentos fortuitos no teu episódio reencarnacionista.

Cada um se movimenta, no mundo, no campo onde as possibilidades melhores estão colocadas para o seu crescimento. Nem sempre se recebe o que se merece. Antes, são propiciados os recursos para mais amplas e graves conquistas, que darão resultados mais valiosos.

Assim, aprende a controlar as tuas más inclinações e adia o teu momento infeliz.

Lograrás vencer a violência interior que te propele para o mal, se perseverares na luta.

Sempre que surja oportunidade, faze o bem, por mais insignificante que te pareça. Gera o momento de ser útil e aproveita-o.

Não aguardes pelas realizações retumbantes, nem te detenhas esperando as horas de glorificação.

Para quem está honestamente interessado na reforma íntima, cada instante lhe faculta conquistas que investe no futuro, lapidando-se e melhorando-se sem cansaço.

Toda ascensão exige esforço, adaptação e sacrifício.

Toda queda resulta em prejuízo, desencanto e recomeço.

Trabalha-te interiormente, vencendo limite e obstáculo, não considerando os terrenos vencidos, porém, fitando as paisagens ainda a percorrer.

A tua reforma íntima te concederá a paz por que anelas e a felicidade que desejas.

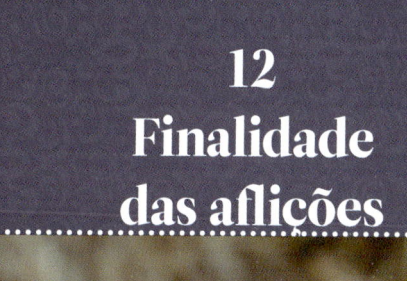

12
Finalidade
das aflições

Aflição a respeito dos acontecimentos do dia a dia deve ceder lugar à confiança na execução salutar do teu programa renovador.

O trabalho é meio de progresso, eficiente instrumento de que dispõe a vida para fomentar as riquezas.

O insucesso, desse modo, em qualquer realização, é ocorrência normal, enquadrada na metodologia do processo realizador.

Constituindo técnica de aprendizagem valiosa, enseja mais segura conduta em relação aos futuros cometimentos.

Assim, a aflição em torno do amanhã é destituída de fundamento, pois que ao homem cabe reformular, para melhor, conceitos e atos, armando-se de valor e coragem para lutar sempre.

A aflição deflui da insegurança pessoal, que tipifica o homem sem fé.

Quando te equipes com os recursos da meditação e da prece, a fé abrirá clareiras luminosas na tua noite íntima, brindando-te com equilíbrio diante de todas as circunstâncias, mesmo aquelas que se te apresentam aziagas.

O homem que confia em Deus não tem por que se afligir, porquanto sabe que está engajado no programa divino, acontecendo-lhe sempre o que se lhe torna melhor para a própria evolução.

Utilizando-se com lucidez do seu livre-arbítrio, colhe o resultado dos seus investimentos, não desperdiçando os valores de que dispõe em aventuras infelizes.

A aflição é nuvem no céu do discernimento humano, produzindo dificuldades evitáveis.

Não que se deva enregelar os sentimentos, de modo a não experimentar aflições; mas sim, de entendê-las e comandá-las, retirando os lucros morais que tais dores propiciam.

Os aflitos se fazem precipitados ou se deixam cair nas depressões anestesiantes, negando-se uma conduta edificante.

Perturbam-se e atrapalham a ação positiva daqueles que se lhes acercam para ajudar.

Certamente, ninguém atravessa a existência corporal sem experimentar aflições. No entanto, recebê-las com discernimento e valor é o dever que faculta ao aflito a bem-aventurança.

Desse modo, envida todos os esforços possíveis para solucionar os teus problemas e acalmar-te.

Além das tuas possibilidades surgem os recursos de Deus, que ignoras.

Ele sabe o que é de mais útil para ti, embora, na dor, te pareçam, tais providências, muito penosas.

O rio alcança o mar, contornando, antes, os obstáculos, e seguindo o ligeiro declive do seu leito para avançar pelo curso ondulado, até atingir a largueza da meta que o aguarda à frente.

A árvore rompe a casca da semente onde dorme, abrindo brecha na crosta da terra, sofrendo as pragas e as intempéries, até lograr a plenitude a que se destina, desde quando se encontrava na concha do grão.

O homem espiritual vencerá os atavismos a que se junge, lapidado pelas aflições que lhe constituem desafios da vida, mas que o fortalecem, etapa a etapa, até o acume da sua glória.

Aceita, pois, as aflições conforme a finalidade a que se destinam, com fé e paciência, vencendo-as, uma a uma, até o momento da libertação que te concederá os louros da vitória.

13
Caridade, a meta

Guarda na mente que a caridade em teus atos deve ser a luz que vence a sombra.

Enquanto não compreendas que a caridade é sempre bênção maior para quem a realiza, ligando o benfeitor ao necessitado, estarás na fase primária da virtude por excelência.

Poderás repartir moedas, a mãos-cheias; todavia, se não mantiveres o sentimento da amizade em relação ao carente, não terás logrado alcançar a essência da caridade.

Repartirás tecidos e agasalhos com os desnudos; no entanto, se lhes não ofertares compreensão e afabilidade, permanecerás na filantropia.

Atenderás aos enfermos com medicação valiosa; entretanto, se não adicionares ao gesto a gentileza fraternal, estarás apenas desincumbindo-te de um mister de pequena monta.

Ofertarás o pão aos esfaimados; contudo, se os não ergueres com palavras de bondade, não alcançaste o sentido real da caridade.

Distribuirás haveres e coisas com os desafortunados do caminho; não obstante, sem o calor do teu envolvimento emocional em relação a eles, não atingiste o fulcro da virtude superior.

A caridade é algo maior do que o simples ato de dar.

Certamente, a doação de qualquer natureza sempre beneficia aquele que lhe sofre a falta. Todavia, para que a caridade seja alcançada, é necessário que o amor se faça presente, qual combustível que permite o brilho da fé, na ação beneficente.

❖

A caridade material preenche os espaços abertos pela miséria socioeconômica, visíveis em toda parte.

Além deles, há todo um universo de necessidades em outros indivíduos que renteiam contigo e esperam pela luz libertadora do teu gesto:

a indulgência, em relação aos ingratos e agressivos;

a compaixão, diante dos presunçosos e perversos;

a tolerância, em favor dos ofensores;

a humildade, quando desafiado ao duelo da insensatez;

a piedade, dirigida ao opressor e déspota;

a oração intercessória, pelo adversário;

a paciência enobrecida, em face das provocações e da irritabilidade dos outros;

a educação, que rompe as algemas da estupidez e da maldade, que se agasalham

nas furnas da ignorância gerando a delin-
quência e a loucura.

A caridade moral é desafio para toda
hora, no lar, na rua, no trabalho.

Exercendo-a, recorda também da caridade em relação a ti mesmo.

Jesus, convivendo com os homens, lecio-
nou exemplificando todas as modalidades
da caridade, permanecendo até hoje como o
protótipo mais perfeito que se conhece, tor-
nando-a a luz do gesto, que vence a sombra
do mal, através da ação do amor.

Caridade, pois, eis a meta.

14
Porque queres

Que os Espíritos burlões e maus perturbam os homens, nisto comprazendo-se, não há dúvida. Lúbricos e folgazões, frívolos quão perversos, prosseguem, além do corpo, consoante foram antes da desencarnação.

Invejando ou odiando aqueles que se esforçam e se esmeram para evoluir, intentam, por todos os meios possíveis, envolvê-los nas suas redes e tramas sórdidas.

Inspiram, aturdem, criam situações embaraçosas, insistindo na manipulação dos seus objetivos infelizes, entregando-se a tais misteres nos quais se creem realizados.

Turbados e ignorantes em relação às Leis da Vida, supõem-se "braços da justiça", ou livres para agir conforme as próprias aspirações.

Interferem, desse modo, na conduta humana, os Espíritos zombeteiros e impiedosos, gerando sofrimentos.

❖

Há, naturalmente, em todo intercâmbio uma reciprocidade de sintonia.

A lei de identidade moral e emocional responde pela comunhão de ideias entre aqueles que participam do mesmo conúbio.

Mantenha o indivíduo um salutar padrão mental e comportamental superior, e de forma alguma os Espíritos, doentes e ignorantes, encontrarão campo para os seus desideratos perniciosos.

Em toda área de comunicação, a mensagem somente é recebida por quem lhe permanece na faixa de registro.

Ante, portanto, a intermitente perseguição espiritual, defrontamos um agente atuante e um paciente agradavelmente receptivo.

Isso, porém, ocorre contigo porque o queres...

Ergue-te, mentalmente, acima das faixas vibratórias nas quais se movimentam os Espíritos vulgares e impuros.

Resguarda-te do pessimismo e da suspeita, que são fatores propiciatórios para o desequilíbrio.

Consolida as disposições felizes no íntimo, mentalizando o bem e a ele entregando-te, a fim de pairares em clima superior de paz.

Medita e ora, agindo corretamente, e se algo, ainda assim, te acontecer, compreende que é um episódio fortuito da vida, que não te merecerá maior consideração.

O processo no qual te encontras engajado é de evolução; resolve-te por avançar, sem as contramarchas tormentosas.

❖

Ascendendo psiquicamente e harmonizando-te emocionalmente, far-te-ás respeitado pelos Espíritos perturbadores, que mesmo intentando molestar-te, não encontrarão receptividade da tua parte.

Recorda-te, por fim, de Jesus.

Quem O encontrou, descobriu um tesouro luminoso, e, enriquecendo-se com Ele, jamais tropeçará em sombra e aflição.

Impregna-te d'Ele e sê feliz, sem mais controvérsia.

15
Caminhos

O acesso a qualquer lugar enseja variados caminhos, que podem ser percorridos de acordo com as circunstâncias e as possibilidades de cada viandante.

O mesmo ocorre na área das metas morais.

Há caminhos de margens floridas e atapetados que, não obstante a aparência, levam a alucinações e sombras.

Uns caminhos agradáveis desdobram-se convidativos, acolchoados de ilusões, conduzindo a desencantos e amarguras.

Caminhos outros apresentam-se breves, fáceis de vencidos, que precipitam em abismos terríveis.

Multiplicam-se os caminhos da avareza, gerando loucura; da luxúria, engendrando crimes; do prazer, produzindo fastio posterior; do poder, degenerando em calamidade;

da astúcia, empurrando para o descrédito; da frivolidade, propiciando doenças emocionais...

Caminhos de diferente configuração e feitio estão por toda parte...

Há os caminhos da renúncia, que conduzem à plenitude.

Apresentam-se os caminhos do sacrifício, que aureolam o Espírito com os louros da paz.

Muitos são os caminhos da abnegação, que felicitam; do amor, que dignificam; do serviço, que elevam; da caridade, que salvam...

Esses são os caminhos assinalados por pedrouços e urzes, por dificuldades e cardos. Apesar disso, em se considerando a situação moral da Terra e de quase todos aqueles que a habitam, transitoriamente envoltos na indumentária carnal, não há por que esperar-se caminhos de felicidade e festa, sem o contributo da expiação, da reparação, do sofrimento, após o que se enflorescem os ideais da harmonia e da liberdade plena...

"Eu sou o Caminho" — disse Jesus.

Exemplo máximo, sob todos os aspectos em que seja considerado, o Seu conceito torna-se um apelo de incontestável significado, convidando-nos a segui-lO, maneira única de alcançarmos a legítima felicidade – aquela que transcende os limites do imediatismo perturbador e frustrante.

16
Transformação íntima

endências viciosas, assim como impulsos para a virtude procedem, sim, do Espírito, agente determinante do comportamento humano.

Não podendo a organização celular definir estados psicológicos e emocionais, esses obedecem às impressões espirituais de que se encharcam, exteriorizando-se como fatores propelentes para uma ou outra atitude.

Destituída de espontaneidade, exceto nos fenômenos que lhe são inerentes, graças aos automatismos atávicos, a matéria orgânica é resultado das aquisições eternas do Espírito que dela se veste para as experiências da evolução.

A hereditariedade vigente nos mapas dos genes e dos cromossomos encarrega-se de transmitir inúmeros caracteres morfológicos, fisiológicos, sem exercer preponderância fundamental nos arcabouços psicológicos e morais, que pertencem ao ser espiritual, modelador das necessidades inerentes ao progresso e fomentador dos recursos que se lhe fazem indispensáveis para esse processo de crescimento a que se destina.

Descartar-se o valor dos implementos espirituais nos fenômenos comportamentais do homem é uma tentativa de reduzi-lo a um amontoado de tecidos frágeis que o acaso organiza e desmantela ao próprio talante.

A vida pessoal escreve nas experiências de cada ser as diretrizes para as suas conquistas futuras.

Vícios e delitos ignóbeis, virtudes sacrificiais e abnegação, pertencem à alma que os externa nos momentos hábeis conforme o seu estágio evolutivo.

❖

Vicente de Paulo e Francisco de Sales, fascinados pelo amor aos infelizes, liberaram as altas forças que lhes jaziam inatas, a serviço da caridade e da dedicação sem limite.

Ana Nery e Eunice Weaver, sensibilizadas pelo sofrimento humano, esqueceram-se de si mesmas e dedicaram-se, a primeira, aos combatentes feridos, e a segunda, à salvação dos filhos sadios dos hansenianos.

Eichmann e inúmeros carrascos nazistas acariciavam, comovidos, os filhinhos, após enviarem, a cada dia, milhares de outras crianças e adultos aos fornos crematórios, em inúmeros lugares dos países subjugados.

Tamerlão incendiava as cidades conquistadas, após degolar os sobreviventes, para depois dormir tranquilo ao lado daqueles a quem amava.

Homens e mulheres virtuosos sempre revelaram o alto grau de amor que lhes jazia em latência, da mesma forma que sicários e criminosos sanguissedentos deixaram transparecer a crueldade assassina desde os primeiros anos da infância...

As exceções demonstram o poder da vontade, que é a manifestação do Espírito, quando acionada, propelindo para uma ou para outra atitude.

O hábito vicioso arraigado remanesce, impondo de uma para outra reencarnação suas características, assim impelindo o homem para manter a sua continuidade.

Da mesma forma, os salutares esforços no bem e na virtude ressumam dos refolhos da alma, e conduzem vitoriosos aos labores de edificação.

Toda ação atual, portanto, tem as suas matrizes em outras que as precedem, impressas nos arquivos profundos do ser.

Estás na Terra com a finalidade de abrir sepulturas para os vícios e dar asas às virtudes.

Substituindo o mau pelo bom hábito, o equivocado pelo correto labor, corrigirás a inclinação moral negativa, criando condicionamentos sadios que se apresentarão como virtudes a felicitar-te a vida.

Teus vícios de hoje, transforma-os, no teu mundo íntimo, em virtudes para o amanhã ao teu alcance desde agora.

Libera-te, pois, com esforço e valor moral, do mau gênio que permanece dominador, das paixões perturbadoras que te inquietam, e renova-te para o bem, pelo bem que flui do Eterno Bem.

17
Ideias perniciosas

Esta ideia insistente, persuasiva, que se vai fixando na tua mente, é perigosa. Desaparece por um momento, para logo retornar, teimosa, desviando-te a atenção que nela se detém, caracterizando uma progressão perturbadora, que se está instalando.

Agradável, às vezes, inoportuna outras, impõe-se ao teu quadro de cogitações e ganha espaço, como escalracho que se enraíza, difícil de arrancado.

Sem dar-te conta, pensas mais na intrusa que se insinuou passando a dirigir-te a onda de aspiração no seu ramo.

Tal fixação desequilibra-te.

Não te apercebes agora; todavia, quando desejares obstaculizar-lhe o avanço, será tarde...

Assim surge a obsessão; dessa forma aparecem as alienações de futuro grande porte.

Preenche os espaços mentais com ideias otimistas e substitui a monoideia por outros pensamentos que te facultem todo um universo de raciocínios.

Sai do patamar da ideia-obsessão, renovando-te através de leituras edificantes, da oração, de conversações salutares, do bem que podes fazer aos teus irmãos em necessidade e sofrimento.

Há problemas de loucura que se iniciam pela fascinação, no culto de determinadas ideias.

Renuncia, portanto, aos voos da ilusão e volta à realidade dos teus dias, dos teus valores e das tuas conquistas, em relação à tua vida.

Sofre hoje o que te falta, adquirindo a paz para amanhã, em vez de adquirires estranha conquista para agora, que te amargará os dias do porvir.

Não te facultes, portanto, a fixação das ideias que te turbem a lucidez, que te alegrem-entristecendo, dando-te e retirando-te o prazer e ameaçando a tua estrutura emocional, disfarçada nas promessas de prazeres que não fruirás, e mesmo que os logres, passarão, deixando-te varado de dor, fulminado pelo desencanto ou esmagado pelo arrependimento.

18
Ação de equilíbrio

A fim de que logres superar-te, faz-se necessário controlar as tuas reações.

Por instinto, reages, vitimado pelo mecanismo automático da defesa pessoal.

Ao fazê-lo, agrides, deixando-te vitimar pela ira ou pela revolta, que te desequilibram, intoxicando-te o sistema nervoso e abrindo espaços para futuras distonias emocionais.

É indispensável que aprendas a agir com rapidez, evitando as sucessivas desordens que se apresentam como atitudes desconcertantes.

Usar a palavra correta, no momento certo, é um passo feliz, como efeito da postura mental equilibrada diante dos acontecimentos.

Todavia, se te ocorrer a reação infeliz em relação a pessoas ou situações, faze uma revisão mental da atitude e recupera-te.

Há momentos nos quais deves responder e agir com energia, com decisão, que dispensam a agressividade e o aborrecimento.

A calma, que resulta de uma conduta mental ordeira, leva-te a agir corretamente.

Se ela não te é habitual, busca-a mediante exercícios da vontade e da oração. Através da prece a receberás de Cristo, mantendo-te em unidade com Ele.

A tua boa vontade e o teu esforço vincular-te-ão à Fonte Geradora de Vida.

Aqueles que te amam, ouvem-te pelo que és em relação a eles, e não pelo que dizes. Nem todos, porém.

O teu verbo reflete, frequentemente, o teu estado interior.

Expressa-o sem melifluidade, mas também sem agressão.

Da mente à palavra, e desta à ação, realiza um esforço de crescimento emocional.

Acostumar-te-ás a agir, pensando antes, em vez de reagires para pensar depois.

Quando ages, consegues êxito.

Quando reages, arrependes-te mais tarde.

As ações programadas levam ao sucesso.

As reações sucessivas facultam o desastre.

A tua existência física faz parte de um compêndio de experiências adrede estabelecidas, através das quais se organizam as tuas futuras atividades.

Vive de tal forma que a cada ação suceda um efeito benéfico, oferecendo-te ocasião de crescimento e libertação interior.

A ação do bem incessante é a expressão mais elevada do Amor de Deus, servindo-nos de modelo para todas as horas.

19
Treinamento para a morte

O fenômeno da morte somente causa estranheza a quem da vida apenas lhe conhece a face externa, material e transitória.

Considerada esta na sua realidade plena, isto é, no corpo e fora dele, quando ocorre o episódio da morte ou desencarnação, o acontecimento deve ser encarado com a naturalidade de que se reveste e a atenção que lhe compete, sem qualquer tipo de exagero, seja no desespero ou na indiferença.

É de compreender-se que a alma encarcerada no corpo encharca-se das vibrações orgânicas e adapta-se aos condicionamentos próprios da matéria.

O desligamento celular não implica libertação profunda, desde que as impressões mais fortes permanecem, produzindo estados de verdadeira alucinação, nos quais o real e o aparente se confundem, causando perturbação.

Nos processos de desdobramento da personalidade, no sono natural como no provocado, o Espírito ignora o sucedido, surpreendendo-se ante a visão do corpo, sem entender o que lhe está ocorrendo.

Somente o treinamento consciente logra, ao longo do tempo, a perfeita mobilidade do ser espiritual com a sua consequente lucidez em torno do acontecimento.

Ocorrência idêntica dá-se com a morte.

Despreparado para o processo liberativo, por falta do hábito da reflexão e do desapego da matéria, o Espírito permanece no reduto familiar, experimentando lamentável turbação que o infelicita, quanto prejudica aqueles com os quais se afina ou se afeiçoa.

❖

Reserva tempo mental e emocional ao exame da morte.

Considera, vez que outra, o fenômeno, como se já houvesse ocorrido contigo e analisa então como estarias e de que forma te sentirias.

Da mesma maneira, pensa na partida de um ser querido e considera qual seria a tua conduta nesse momento.

Não te tenhas na conta de inatingível.

Quando a provação demora de chegar, é sinal de que se aproxima.

Não vivendo, pessoa alguma, em regime de exceção, conscientiza-te de que tua vez não tardará, por mais tenhas sido poupado ao testemunho por que todos passam.

A morte é inevitável.

A única opção que se encontra ao teu alcance, racional e oportuna, é a de realizares um treinamento mental para ela, em ti ou em pessoa querida que te fale à sensibilidade.

Reencontrarás os teus mortos, que vivem e te esperarão.

Se felizes, aguardam-te em triunfo, ensejando-te as alegrias a que faças jus.

Se desditosos, necessitam das tuas orações e pensamentos de simpatia que os acalmarão.

Não os retenhas na revolta, nem os maceres com as tuas mágoas e blasfêmias injustas.

Se o teu é um grande amor por eles, tem paciência, pois logo mais seguirás na sua direção.

De qualquer forma, prepara-te para morrer, vivendo cada dia como se fosse o último da tua existência planetária.

A morte é, também, abençoado portal de luz, aberto na direção da ressurreição ditosa, para quem cumpre corretamente os seus deveres e prepara-se, treina-se, com amor, para o grande momento.

20
Indagação de Natal

soberania das nações esfacelava-se sob o vigor das tropas que as submetiam à condição de vergonha.

Os tronos, erguidos sobre os cadáveres do passado, ruíam em escombros que sepultavam outras vidas.

O predomínio da força transferia as rédeas do poder de umas para outras mãos mais vigorosas, enquanto a alucinação sanguissedenta devorava as mais belas florações do sentimento humano.

Os bárbaros, que se destacavam pela violência e se notabilizavam pelo vigor das glórias conseguidas nos campos de batalha, escravizavam os filósofos.

A espada silenciava o pensamento.

O direito da força predominava, estiolando a grandeza do direito à vida, ao amor, à fraternidade.

A liberdade fizera-se apanágio dos poderosos, que se compraziam em vilipendiar e destruir, violando todas as conquistas do gênero humano.

O medo abraçava a bajulação, e a urdidura da intriga e do crime selecionava aqueles que tinham o direito à vida e ao gozo, sempre, no entanto, transitórios, de alto preço.

É nesse clima sociopolíticomoral que nasceu Jesus.

Em pleno fastígio do império de Augusto, Ele surge no silêncio de uma noite fria e inicia a Era da Paz.

Com Ele surgem a esperança e a liberdade, os direitos humanos e a glória da imortalidade.

Quando alcança a idade da razão, altera a marcha da História e insculpe, nos metais das vidas, os indestrutíveis símbolos do amor e da felicidade.

Instala o reinado da ternura e estabelece a diretriz do perdão como elementos indispensáveis à vivência ditosa.

Protótipo da coragem, faz-se Homem Integral e Cósmico, ensinando a resistência ao mal e a utilização da humildade em detrimento da opressão e da soberba da violência.

Liberta todos aqueles que O buscam, mesmo que aparentemente estejam submissos e escravizados.

Jesus é o Herói de todas as batalhas, que verte suor e sangue, doando-se em holocausto vivo, que abala a consciência dos tempos.

Estes são outros tempos, não muito diferentes daqueles, os tempos nos quais Ele nasceu.

Há também predomínio da força e esmagamento dos ideais, ganância e loucura nos quais os homens se locupletam, vitimados em si mesmos.

Não obstante, há glórias do amor e do sacrifício, da abnegação e da renúncia.

Milhões de vidas que se estiolam na fome, na miséria moral e econômica aguardam que Jesus volte a nascer, a fim de poderem respirar e viver, adquirindo a dignidade que lhes tem sido negada pelos enganadores-enganados, ora guindados ao poder temporal.

Imprescindível que cada homem se pergunte o que tem feito em favor de si mesmo, no sentido da sua realidade eterna, e em relação ao seu próximo.

Não seria o momento próprio para que, por tua vez, te indagues se Jesus já nasceu no teu coração e cresceu em tua vida, alterando as tuas e as estruturas da sociedade para melhor?

Se tal ainda não aconteceu, utiliza-te deste Natal e deixa-O renascer nas paisagens do teu mundo íntimo, a fim de que o reino de paz tenha início, de imediato, no país do teu coração, alargando-se por toda a Terra, e gerando o clima de felicidade para todos.